나는 반대합니다

행동하는 여성 대법관 긴즈버그 이야기

데비 레비 글

여러 권의 청소년 소설과 논픽션을 쓴 문학상 수상 작가입니다. 지은 책으로 〈우리는 이겨 낼 거야 : 노래 이야기〉,
〈작별의 해 : 우정, 가족 그리고 작별에 관한 실화〉, 〈다저의 달리기 : 개와 개의 경주에 관한 실화〉 등이 있습니다.
변호사이자 신문 편집자로 일했고, 지금은 남편과 함께 미국 메릴랜드주에서 살고 있습니다.

엘리자베스 배들리 그림

미국 미주리주 캔자스시티에서 살고 있는 그림 작가입니다. 캔자스 대학교에서 일러스트레이션을 전공했고,
뉴욕 비주얼 아트 스쿨에서 시각 에세이로 미술 석사 학위를 받았습니다.
〈상원과 하원에 있는 여성〉, 〈규칙을 깬 여성들 : 메리 토드 링컨〉 등 영향력 있는 여성들의 이야기를 많이 그렸습니다.

양진희 옮김

연세대학교 불어불문학과를 졸업하고, 프랑스 파리4대학에서 불어학 박사 과정을 수료했습니다.
옮긴 책으로 〈새똥과 전쟁〉, 〈크록텔레 가족〉, 〈자유가 뭐예요?〉, 〈내 마음이 자라는 생각 사전〉,
〈미래, 꿈꾸는 만큼 열린다〉, 〈아인슈타인 교실의 문제아, 세상을 바꾸다〉,
〈여섯 개의 점〉, 〈색이 가득한 주머니〉 등이 있습니다.

나는 반대합니다
행동하는 여성 대법관 긴즈버그 이야기

초판 1쇄 발행 | 2017년 10월 10일   **초판 6쇄 발행** | 2024년 4월 30일
지은이 | 데비 레비   **그린이** | 엘리자베스 배들리   **옮긴이** | 양진희
펴낸이 | 양진오   **펴낸곳** | (주)교학사   **등록일** | 1962년 6월 26일 제18-7호
주소 | 서울특별시 금천구 가산디지털1로 42(공장) 서울특별시 마포구 마포대로 14길 4(사무소)
전화 | 편집부 (02)707-5350 · 영업부 (02)707-5147
홈페이지 | www.kyohak.co.kr   **편집** | 김인애, 김길선

I DISSENT : Ruth Bader Ginsburg Makes Her Mark
by Debbie Levy, illustrated by Elizabeth Baddeley
Text Copyright © 2016 Debbie Levy
Illustration Copyright © 2016 Elizabeth Baddeley
All rights reserved.
This Korean edition was published by Kyohak Publishing Co., Ltd. in 2017 by arrangement with
S&S Books For Young Readers, an imprint of Simon & Schuster Children's Publishing Division,
1230 Avenue of the Americas, New York, NY 10020
through KCC(Korea Copyright Center Inc.), Seoul.

이 책은 (주)한국저작권센터(KCC)를 통한 저작권자와의 독점계약으로 함께자람에서 출간되었습니다.
저작권법에 의해 한국 내에서 보호를 받는 저작물이므로 무단 전재와 무단 복제를 금합니다.

ISBN 978-89-09-20337-1 74800

이 도서의 국립중앙도서관 출판예정도서목록(CIP)은 서지정보유통지원시스템 홈페이지(http://seoji.nl.go.kr)와
국가자료공동목록시스템(http://www.nl.go.kr/kolisnet)에서 이용하실 수 있습니다. (CIP제어번호 : CIP2017020179)

함께자람은 (주)교학사의 유아 · 어린이책 브랜드입니다.

나는 반대합니다
행동하는 여성 대법관 긴즈버그 이야기

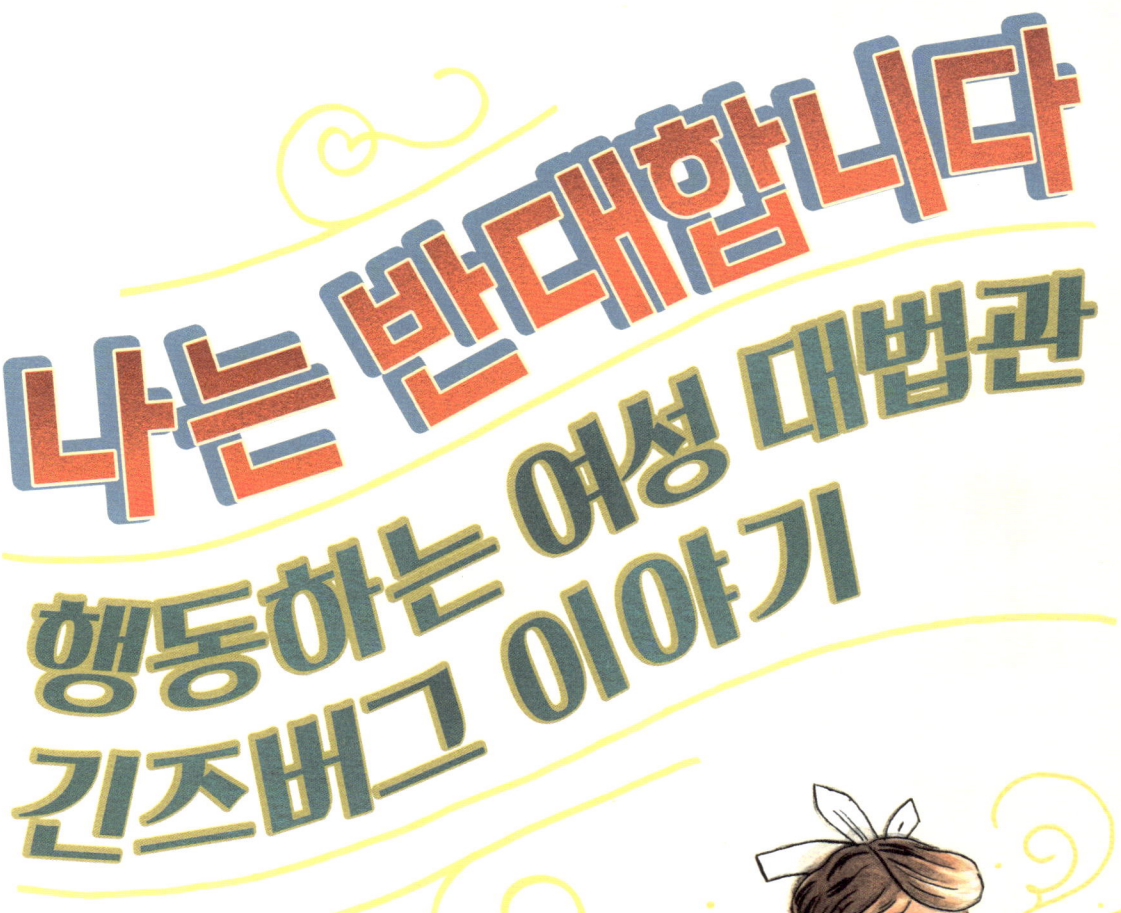

데비 레비 글
엘리자베스 배들리 그림
양진희 옮김

루스 베이더 긴즈버그는 일생 동안 반대하고, 또 반대하면서 살아왔다고 말할 수 있어요.

반대합니다,

삐걱거리는 낡은 생각들에.

불공평한 것들에.

불평등한 것들에.

루스는 **동의하지 않았어요.**
찬성하지 않았어요.
그리고 **생각이 달랐어요.**

루스는 **항의했어요.**

루스는 **저항했어요.**

루스는 **반대했어요.**

무례하다고요? 아니요. **단호하다고요? 네!**

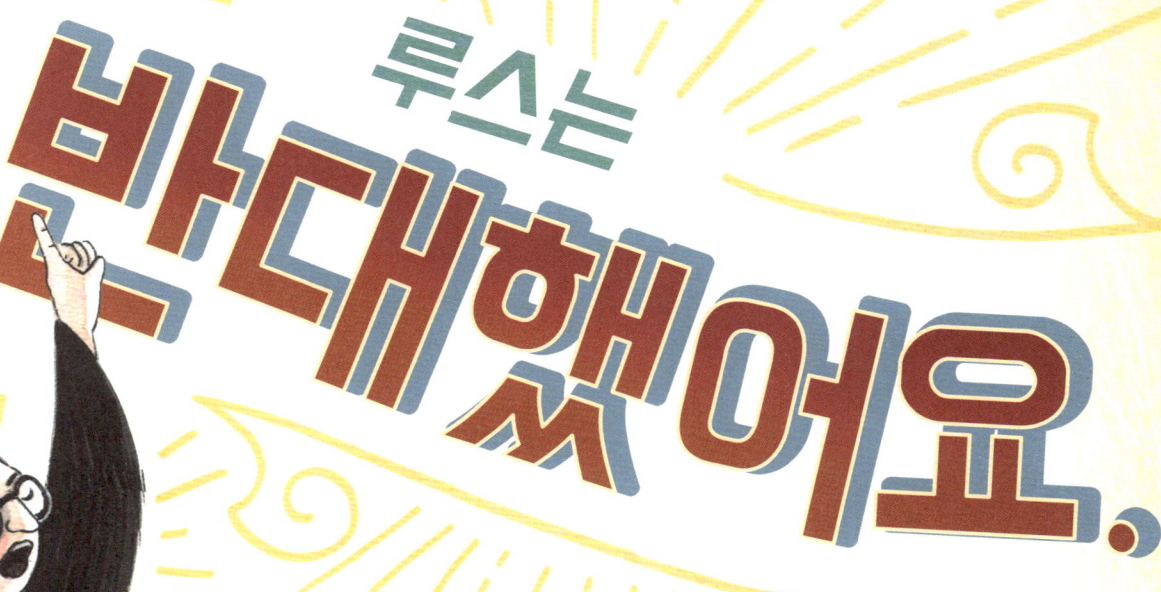

이 글은 루스 베이더 긴즈버그가 자신과 우리의 삶을 어떻게 변화시켰는지에 대한 이야기입니다.

1940년, 루스가 어렸을 때 살던 동네는 이민자들로 활기가 넘쳤어요. 이탈리아, 아일랜드, 영국, 폴란드, 그리고 독일에서 이민 온 사람들이었어요. 루스의 아빠처럼 러시아에서 이민 온 유대인들도 있었어요. 서로 다른 나라에서 온 사람들은 명절도, 음식도, 풍습도 다 달랐어요. 그런데 뉴욕 브루클린에 사는 사람들이나 다른 지역에 사는 사람들이나 똑같은 것이 딱 하나 있었어요.
남자아이들은 이다음에 커서 넓은 세상으로 나가 큰일을 할 거라는 믿음이었어요.
그럼 여자아이들은? 여자아이들은 좋은 남편을 만나리라는 게 전부였어요.

루스의 엄마는 여자아이들도 세상에 나가
이름을 떨칠 기회를 가져야 한다고 생각했어요. 그래서 루스를 도서관에 데려갔어요.
도서관에는 위대한 일을 한 여자아이들과 여성들에 대한 책들이 있었어요.
루스는 소녀 탐정인 낸시 드루 이야기를 읽었어요. 용감한 여성 비행사인 아멜리아 에어하트도
알게 되었어요. 또 그리스 신화에 나오는 지혜의 여신, 아테나에 대해서도 배웠어요.
모두 독립적이고 책임감 있는 여자아이들과 여성들이었어요.
루스는 책을 읽으며 세상으로 나아가는 자신만의 길을 찾아냈어요. 책을 읽을 때면,
달콤한 책 향기와 아래층 중국 음식점에서 올라오는 맛있는 냄새가 섞여 났어요. 아, 맛있어라!
여자아이는 무엇이든 될 수 있었어요.

루스는 가끔 부모님과 함께 차를 타고 복잡한 도시를 벗어나 여행을 했어요.
펜실베이니아에 있는 어느 호텔 앞을 지나갈 때, 루스는 팻말을 하나 보았어요.

* 유대인: 유대교를 믿는 민족으로, 세계 여러 곳에 흩어져 살면서 종교적인 이유로 오랫동안 차별과 박해를 받아 왔음.

그때는 호텔, 음식점, 심지어 마을 입구에도 이런 팻말이 세워져 있었어요.

루스의 가족은 유대인이었어요. 이런 것이 바로 편견이었어요.
이제 루스가 반대할 차례였어요.
루스는 팻말에 적힌 말들을 보고 느꼈던 것을 절대 잊지 않음으로써 반대했지요.
루스는 편견이 준 아픔을 결코 잊지 않았어요.

초등학생 때, 루스는 뛰어나게 잘하는 과목들도 있었고, 그렇지 못한 과목들도 있었어요.
루스는 국어와 역사, 체육을 좋아했고, 이 과목들을 매우 잘했어요.
그런데 손글씨 쓰기 과목이 있었는데, 루스는 왼손잡이였어요.
그 당시만 해도 선생님들은 왼손잡이 학생들에게 오른손으로 글씨를 쓸 수 있도록
노력해야 한다고 말했어요. 오른손으로 쓴 루스의 글씨는 삐뚤빼뚤해서,
루스는 쓰기 시험에서 D를 받았어요.
루스는 너무 속상해서 엉엉 울었어요.

루스가 가장 싫어한 과목은 바느질과 요리였어요. 바느질 솜씨도, 요리 실력도 별로였거든요.
하지만 여자아이들은 반드시 바느질과 요리를 배워야 했어요. 반대로, 남자아이들은
톱이나 망치 같은 연장 다루는 법을 배워야 했지요.

루스는 요리나 바느질보다 남자아이들처럼 연장 다루는 법을 배우고 싶었어요.
하지만 루스는 자기가 하고 싶은 것을 하지 못했어요. 이것은 여자아이들이나 남자아이들
모두에게 불공평한 일이었지만, 루스는 종종 삶이 그런 거라는 것을 알게 되었어요.

루스는 음악을 좋아했어요. 특히 오페라를 좋아했지요. 음악 시간에 루스는 목청껏 노래를 불렀어요.

이번에는 음악 선생님이 부드러운 목소리로 말렸어요. 선생님은 음정을 잘 맞추지 못하는 루스에게 합창할 때 큰 소리로 노래하지 말라고 했어요.
하지만 루스는 노래 부르기를 그만두지 않았어요. 목욕을 하면서, 그리고 꿈속에서도 노래를 불렀어요. 오페라에 대한 사랑 역시 계속되었지요.

고등학생 때, 루스는 악대 지휘자 겸 첼로 연주자로,
그리고 학교 신문 편집자로 활동하는 매우 뛰어난 학생이었어요.
졸업이 가까워 오자, 루스는 졸업생 대표로 뽑혀 연설을 하게 되었어요.
그런데 루스는 커다란 비밀이 하나 있었어요. 엄마가 아주 많이
편찮으신 거였어요. 졸업식 하루 전날, 루스의 엄마가 돌아가셨어요.

루스는 엄마가 돌아가셨다는 사실을 도저히 받아들일 수가 없었어요.
그렇다고 받아들이지 않을 수도 없었어요. 죽음은 그냥…… 어찌할 수 없는 거였어요.
루스는 졸업식에 가지 않았어요. 졸업생 대표 연설도 하지 않았어요. 하지만 돌아가신 엄마가
무엇을 원하는지 알고 있었어요. 석 달 뒤, 루스는 대학에 가기 위해 집을 떠났어요.

1950년대에는 대학에 가는 여학생들이 많지 않았어요.
대학생이 된 루스는 친구들을 사귀었어요. 하지만 자신들의 동아리에
유대인들을 받아들이지 않는 여학생들도 만났어요.
여자들은 남편감이나 찾아보라고 이죽거리는 남학생들도 만났어요.
그즈음 루스는 마틴 긴즈버그라는 남학생을 알게 되었어요.
마틴은 키가 크고 재미있는 사람이었어요. 루스는 키가 작고 진지했어요.
마틴은 루스를 웃게 만들 줄 알았어요. 두 사람은 사랑에 빠졌고, 함께 미래에 대한
계획을 세웠어요. 대학을 졸업하고 둘 다 법학 전문 대학원인 로스쿨에 다닌다는 계획이었지요.
루스는 대학에서 변호사들은 법정에서 불공정과 편견에 맞서 싸울 수 있다고 배웠어요.
사람들은 마틴이 로스쿨에 가는 건 멋진 계획이라고 생각했어요.
하지만 루스가 로스쿨에 가서는 안 된다고 생각했어요.
여자 변호사라고? 사람들은 못마땅해했어요.

루스는 이러한 생각에 곧바로 항의했어요.

마틴도 똑같이 항의했어요.

마틴과 루스는 결혼을 했어요.
그리고 함께 로스쿨에 들어갔어요.
첫딸, 제인도 낳았어요.

루스가 다니던 로스쿨은 남학생이 500명이나 되는데 여학생은 고작 9명뿐이었어요. 루스는 정말 열심히 공부해서 공동으로 1등을 했어요. 그런데도 졸업을 하자, 아무도 이 똑똑한 신임 변호사를 채용하려고 하지 않았어요. 왜 그랬을까요?
루스는 여자였어요. 남자들은 여자와 함께 일하고 싶어 하지 않았어요.
루스는 엄마였어요. 남자들은 엄마는 일에 집중하지 않을 거라고 생각했어요.
루스는 유대인이었어요. 많은 사람들이 여전히 유대인에 대한 편견을 갖고 있었어요.
이 세 가지 장애물이 루스의 앞을 가로막았어요. 하지만 루스는 물러서지 않았어요.

루스는 저항했어요.

그리고 계속 나아갔어요.

마침내 어떤 판사가 루스를 채용했어요. 루스는 자신을 채용해 준 판사를 위해 온 힘을 다해 일했어요. 그 뒤 로스쿨 한 곳에서 루스를 교수로 채용했고, 이어 또 다른 로스쿨에서도 루스를 채용했어요. 루스는 미국에서 몇 안 되는 여성 법학 교수 가운데 한 사람이 되었어요.
더구나 루스는 이러한 일들을 새로 태어난 둘째 아이, 제임스를 데리고 해냈어요.

루스는 다른 사람들의 생각을 따르지 않고 오직 열심히 노력해서 변호사가 되고, 교수가 되었어요. 하지만 대부분의 여자들은 루스처럼 직업을 가질 수가 없었어요.
직업을 갖는다고 해도, 여자들은 남자들보다 돈을 적게 받았어요.
여자들은 법원이나 정부 기관에서 중요한 직책을 맡을 수도 없었어요.
엎친 데 덮친 격으로, 미국 최고 법원인 연방 대법원에서 이러한 불평등을 모두 승인했어요.
몇 년 전, 한 대법원 판사는 판결문에 이렇게 썼어요.

여성이 원래 갖고 있는 **온순함**과 **연약함**은 시민 생활을 위한 많은 직업에 알맞지 않은 것이 분명하다.

다시 말해서, 여성들은 용기가 없고 연약해서 세상에서 큰일을 할 수 없다는 거예요.

또 다른 대법원 판결도 내려졌어요.

여성은 언제나 **남성**에게 의존해 왔다.

루스는 여성이 남성과 동등한 대우를 받을 수 있도록
싸우기 위해 법정으로 갔어요.
가장 중요한 소송 사건은 대법원으로 올라갔어요.
맨 처음 대법원에서 변론할 때, 루스는 너무 긴장한 나머지
토하지나 않을까 두려웠어요.
하지만 아홉 명의 남성 대법관들 앞에 서자, 루스는 그 대법관들을
자신이 가르치는 학생들이라고 상상했어요. 긴즈버그 교수는
이 남학생들에게 분명히 알려 주어야 했어요. 여자로 태어났다는 이유만으로
한 개인의 선택이 제한받아서는 안 된다는 것을요.

루스가 오로지 여성만을 위해 싸운 것은 아니었어요. 여성들이 직업의 세계에서 받아들여지지 않을 때, 남성들은 가정생활에서 받아들여지지 않았어요. 왜 아빠가 아이들을 돌보고 식사 준비를 하면 안 되나요? 왜 엄마가 사업을 하면 안 되나요? 이러한 생각들은 1970년대에는 아무도 하지 않았던 새로운 것이었어요. 소송에서 항상 이긴 건 아니지만, 루스는 필요한 만큼 충분히 이겼어요. 소송에서 이길 때마다 여성들과 남성들, 여자아이들과 남자아이들은 조금씩 더 평등해졌어요.

루스의 아이들은 엄마는 대법원에서 변론을 하고
아빠가 저녁 식사를 준비한다고 말할 때마다,
사람들이 어리둥절해하는 것 같은 느낌을
종종 받았어요. 사람들은 이런 가족의 모습을
이상하게 생각했어요.

루스, 마틴, 제인, 그리고 제임스는 그렇게 생각하지 않았어요.

루스네 식구들은 자신들이 원하는 가족의 모습을 계속 지켜 나갔어요. 그리고 집에서 차린 저녁 식사는 맛있었어요! 마틴은 성공한 변호사일 뿐만 아니라, 프랑스 요리를 배운 훌륭한 요리사였거든요.
이와 달리, 루스는 요리 실력이 너무 형편없어서 종종 음식을 까맣게 태우곤 했답니다.

루스는 변호사로 매우 유명해졌어요. 그러자 지미 카터 대통령은
루스를 수도 워싱턴에 있는 연방 항소 법원 판사로 뽑았어요.
그리고 루스가 뛰어난 판사로 이름이 널리 알려지자, 빌 클린턴 대통령은
루스에게 연방 대법원 대법관이 되어 달라고 부탁했어요.
루스가 해야 할 일은 다른 여덟 명의 대법관들과 함께 미국에서 가장 중요한
소송 사건들을 판결하고, 가장 어려운 법률적 문제들에 답하는 것이었지요.

루스는 승낙했어요.

1993년, 루스 베이더 긴즈버그는 유대인 여성으로는 처음으로
미국 최고 법원의 대법관이 되었어요.

미국의 대법원에서는 모든 소송을 검토할 때, 피고 측과 원고 측 변호사들의 변론을 듣고 나서 아홉 명의 대법관들이 투표를 해요. 더 많은 표를 얻은 쪽이 소송에서 이기는 거지요.
찬성한 대법관들은 법원의 판결에 대해 설명하는 판결문을 써요. 긴즈버그 대법관은 찬성할 때 자신의 법복 위에 특별한 레이스 깃을 달아요. 그렇지만 대법원이 판결을 내릴 때……

많은 경우, 긴즈버그 대법관은 동의하지 않아요.

이렇게 말하고는, 자신이 반대하는 이유를 설명하는 의견서를 쓰지요.
그리고 반대한다는 뜻으로, 찬성할 때와는 다른 레이스 깃을 달아요.

나는 반대합니다.

법원이 직장에서 부당한 대우를
받고 있는 여성이나 흑인, 이민자들을
도우려고 하지 않았을 때,
긴즈버그 대법관은 이렇게 말했어요.

나는 반대합니다.

법원이 피부색에 상관없이
모든 시민이 투표할 권리를
보장하는 법을 받아들이지 않았을 때,
긴즈버그 대법관은 이렇게 말했어요.

나는 반대합니다.

법원이 흑인들에게 대학에 더 쉽게 갈 수 있는 기회를 준 학교에 이를 금지한다고 했을 때, 긴즈버그 대법관은 이렇게 말했어요.

긴즈버그 대법관의 말은 매우 설득력이 있었어요. 긴즈버그 대법관은 남성들과 똑같은 임금을 받기 위해 싸우던 여성 노동자들을 규제하는 법원의 판결이 왜 틀렸는지 설명한 적이 있었어요. 그러자 미국 의회와 대통령은 긴즈버그 대법관의 의견에 동의해서 법원의 판결을 무효로 만드는 법을 통과시켰어요.

긴즈버그 대법관은 법률적 견해가 서로 다른 앤터닌 스캘리아 대법관과 가장 자주 맞섰어요.

두 사람은 반대되는 생각들을 서로 나눈 뒤, 상대방의 주장에서 부족한 점들을 지적했어요. 그러나 판결문을 쓰고 나면……

두 대법관은 함께 즐거운 시간을 보냈어요. 법률에 관한 의견 차이가
오랜 우정을 방해하는 것을 원치 않았거든요.

프랑스에서
패러글라이딩하기

인도에서
코끼리타기

긴즈버그 대법관은 이제 대법원에서 가장 나이 많은 대법관이 되었어요.
나이 때문에 대법관에서 물러나야 한다고 말하는 사람들도 있어요.
긴즈버그 대법관의 생각은 좀 달라요.
긴즈버그 대법관은 여전히 열심히 일해요. 체육관에서 운동을 하고,
하루도 빠지지 않고 대법원으로 출근해요. 좋아하는 오페라를 보러 가고,
강연을 하고, 여행도 다녀요.
많은 사람들이 긴즈버그 대법관의 끈기와 독립심을 응원해 왔어요.
그 사람들은 긴즈버그 대법관을 '록스타', '여왕', '여신', '영웅'이라고 불렀어요.
물론 긴즈버그 대법관은 록스타도, 여왕도, 여신도 아니에요.
하지만 많은 사람들에게 긴즈버그 대법관은 영웅이에요.
긴즈버그 대법관은 세상의 변화를 이끌어 냈고, 사람들의 생각을 바꾸어 놓았어요.
대학이나 로스쿨에 다니는 여학생들, 그리고 편견 없이 동등하게
대우받기 원하는 모든 사람들이 자신의 발자취를 따라올 수 있도록
길을 열어 주었어요.
음정이 맞지 않을지도 모르지만, 긴즈버그 대법관은 평등을 위해 노래해요.
한 발 한 발 앞으로 나아가며, 변화를 만들어 냈어요.

루스 베이더 긴즈버그에 대하여

얼마 전까지만 해도 대부분의 사람들은 지도자가 된다거나, 중요한 결정을 내린다거나, 사업이나 정치를 하는 데 있어서 여자는 남자보다 능력이 뒤떨어진다고 생각했어요. 여자는 세 가지 일, 즉 남편감을 찾고, 아이를 낳고, 집안일을 해야 한다고 여겨졌지요. 또한 남자는 아이를 돌보기에 적합하지 않다고 믿었어요. 이것이 루스 베이더 긴즈버그가 자라던 1930~40년대의 세상이었어요.

어느 정도 변화가 있었지만, 이러한 제약들은 1950~60년대를 지나 1970년대까지 계속되었어요. 이전보다 많은 여자들이 직업의 세계에 들어갔지만, 할 수 있는 일은 정해져 있었지요. 여자들은 교사나 간호사, 비행기 승무원이 될 수는 있었지만, 대학 교수나 의사, 비행기 조종사가 되기는 매우 어려웠어요.

하지만 이러한 제약에 반발하는 사람들이 있었어요. 수십 년 전부터 평등을 위한 투쟁이 시작되었는데, 수전 앤서니(1820~1906), 엘리자베스 스탠턴(1815~1902), 해리엇 터브먼(1820?~1913), 소저너 트루스(1797?~1883) 같은 여성 운동가들이 이 투쟁을 이끌었어요. 그리고 루스 베이더 긴즈버그가 그 뒤를 이어 갔어요.

루스는 1933년 3월 15일, 뉴욕 브루클린에서 태어났어요. 루스의 아버지, 나단 베이더는 의류 사업을 했는데, 모피 코트와 모자를 만들어 팔았어요. 루스의 어머니, 셀리아 앰스터 베이더는 집안 살림을 하며 가족들을 돌보았어요. 여자아이들과 여성들이 무엇을 할 수 있는지에 대해 앞선 생각을 갖고, 배우는 것과 독서를 사랑한 루스의 어머니는 루스의 삶에 커다란 영향을 미쳤어요. 뒷날 루스는 자신의 어머니를 "대단히 똑똑한 여성"이며, "내가 아는 가장 용감하고 강인한 사람"이라고 말했어요.

슬프게도, 루스의 어머니는 루스의 고등학교 졸업식을 하루 앞두고 세상을 떠났어요. 루스는 큰 충격을 받았어요. 하지만 루스는 어머니가 자신이 공부를 계속해 나가기를 원했다는 것을 알고 있었어요. 그래서 석 달 뒤, 루스는 뉴욕에 있는 코넬 대학에 입학했어요. 처음에 루스는 장차 무엇을 할지 뚜렷한 목표가 없었어요. 그런데 이때가 1950년대였는데, 미국의 몇몇 지도자들, 특히 조셉 매카시 상원 의원은 시민들이 자유롭게 생각하고 표현하는 것을 용납하지 않았어요. 또한 정부에 대하여 자신과 같은 믿음을 갖고 있지 않은 사람들은 입을 막거나, 심지어 감옥에 보내야 한다고 주장했어요. 코넬 대학에 다닐 때, 루스는 변호사는 법정에서 불공정에 강력히 맞서 싸울 수 있다고 배웠어요. 변호사는 어린 시절 루스가 호텔 밖에 붙어 있던 '개와 유대인 출입 금지' 팻말을 보면서 알게 된 것과 같은 편견에도 맞서 싸울 수 있었어요.

루스는 1956년 하버드 대학교 로스쿨에 입학해 법학 공부를 시작했고, 나중에 컬럼비아 대학교 로스쿨로 옮겼어요. 이 두 학교는 미국 최고의 로스쿨로 손꼽혔어요. 뛰어난 성적에도 불구하고, 루스는 1959년 졸업을 한 뒤 에드먼드 팔미어리 판사에게 채용되기 전까지 일자리를 찾느라 애를 먹었어요. 팔미어리 판사와 다른 변호사들은 루스의 뛰어

난 능력을 금세 알아봤어요. 그러자 얼마 전까지만 해도 여성 변호사를 채용하기 꺼리던 법률 회사들이 함께 일하자며 먼저 루스를 찾아왔어요. 하지만 대학에서 학생들을 가르치기를 원했던 루스는 미국의 첫 여성 법학 교수 가운데 한 사람이 되었어요. 1963년에 럿거스 대학교 로스쿨에서 시작하여, 1972년부터는 컬럼비아 대학교 로스쿨에서 학생들을 가르쳤어요.

루스가 평등을 위해 싸우기 시작한 것은 법학 교수 시절부터예요. 루스는 '미국 시민 자유 연맹'이란 시민 단체에서 일했는데, 이 단체는 미국 헌법과 법률이 보장하는 자유를 지키는 일을 했어요. 헌법은 한 국가의 최고 법으로, 국민의 기본권과 국가 조직에 대해 간추려 설명하고 있어요. 헌법이 의미하는 것에 대한 의견 차이는 법원에서 해결하는데, 마지막 수단인 연방 대법원도 이러한 소송을 다뤄요.

변호사들은 부당함에 맞서 싸우고 권리를 보호할 생각으로 무작정 법원에 걸어 들어가서 말할 수는 없어요. 사법 제도에 따라, 변호사는 어떤 방식으로든 피해를 입은 의뢰인을 대신하여 억울함을 호소하는 소송을 일으켜요. 루스는 정당한 이유 없이 여성과 남성을 차별하는 규칙과 제약으로 인해 피해를 입은 여성과 남성 모두를 대변했어요.

1973년, 루스는 대법원에서 처음으로 변론을 했어요. 미국 공군 병원에서 일하던 여성 장교 샤론 프론티에로를 위한 소송이었는데, 그때 루스는 너무 긴장한 나머지 토할까 봐 두려웠어요. 남성 공군 장교들은 부인을 위한 혜택을 당연하게 받았어요. 예를 들면 부인이 병원이나 치과에 가는 비용 말이에요. 하지만 샤론 프론티에로 같은 여성 장교들은 남편에 대해 똑같은 혜택을 받지 못했어요. 루스를 비롯한 변호인들은 이러한 차별은 헌법에 위배된다고 주장했어요. 헌법에 따르면 모든 사람은 평등한 법의 보호를 받을 권리가 있는데도, 공군에서는 프론티에로뿐 아니라 다른 여성들을 정당한 이유 없이 불평등하게 대우하고 있었어요.

샤론 프론티에로가 소송에서 이겼을 때, 이것은 샤론을 비롯해 공군에서 복무하는 여성들만을 위한 승리가 아니었어요. 남성과 여성의 평등을 추구하는 모든 사람들을 위한 승리였어요. 이 소송과 루스가 맡아 변론했던 다른 소송들의 결과로 인해, 대법원은 정부가 남성과 여성을 차별 대우할 때를 대비한 지침을 만들었어요. 대법원은 이 지침에 만약 정부가 남성과 여성에게 다른 규칙을 적용하고자 한다면, 반드시 그에 합당한 이유가 있어야 한다고 분명히 밝혀 놓았지요.

뒷날 루스는 평등을 위해 투쟁하는 변호사로서 자신이 맡았던 역할을 이렇게 설명했어요.

"나는 판사들에게 '여자아이들은 설탕과 향료와 모든 좋은 것으로 만들어진다.'는 생각은 잘못되었다는 것을 가르치려고 노력해 왔어요. 왜냐하면 바로 이런 생각이 우리 딸들의 기회와 열망을 가로막고 있기 때문이에요."

17년 동안 대학에서 학생들에게 법학을 가르치고 전국의 법원에서 승소한 뒤인 1980년, 루스는 수도 워싱턴에 있는 연방 항소 법원의 판사가 되었어요. 그리고 13년 뒤인 1993년, 루스 베이더 긴즈버그 판사는 미국 최고 법원인 연방 대법원의 대법관이 되었어요. 유대인 여성으로는 처음으로, 그리고 1981년에 대법관으로 임명된 샌드라 데이 오코너에 이은 두 번째 여성 대법관이었어요.

대법관이 된 루스는 이제 더 이상 의뢰인들을 대변할 수 없었어요. 하지만 루스는 사법부의 의견을 통해서 공정성과 평등을 위한 일들을 꾸준히 해 나갔어요. 루스가 가장 자랑스럽게 생각하는 순간들 가운데 하나는 대법관이 된 지 3년 뒤에 찾아왔어요. 1996년, 대법관들은 버지니아 군사 대학이 여성의 입학을 거부한 것에 이의를 제기하는 소송 사건을 심리했어요. 버지니아 군사 대학은 여학생들의 입학을 허가하는 것은 학교를 망가뜨리는 일이 될 거라고 주장했어요.

긴즈버그 대법관은 버지니아 군사 대학의 의견에 동의하지 않았어요. 긴즈버그 대법관은 여학생들이 버지니아 군사 대학에서 요구하는 힘든 체력 훈련과 수업 과정을 잘 이수할 수 있다면, 여학생들도 군사 대학에 입학할 수 있는 기회를 주어야 한다고 생각했어요. 그리고 여학생들을 입학시키지 않는 것은 헌법이 보장하는 평등한 보호의 원칙에 어긋난다고 생각했어요.

하지만 긴즈버그 대법관은 이 사건에서 반대 의견을 낼 필요가 없었어요. 왜냐하면 여섯 명의 다른 대법관들도 버지니아 군사 대학의 주장에 동의하지 않았기 때문이에요. 긴즈버그 대법관은 대법원 판결문에 "버지니아 군사 대학은 여학생들의 입학을 거부해서는 안 된다."고 썼어요. 또 오늘날 여성은 "남성과 동등한 민주주의 미국의 시민으로 간주된다."고 썼어요. 긴즈버그 대법관은 남성과 여성의 동등한 지위가 변호사로서 자신이 이룬 업적 덕분이라고 말할 수도 있었지만, 그러지 않았어요. 오직 법정에서 판결문을 또박또박 소리내어 읽음으로써 평등을 위해 또 다른 업적을 남겼지요.